HISTOIRE

D'UNE

PAIRE DE CISEAUX.

IMPRIMERIE DE VICTOR CABUCHET,

RUE DU BOULOI, N° 4.

HISTOIRE

D'UNE

PAIRE DE CISEAUX,

SUIVIE DE LA

· PETITE BIOGRAPHIE

DES CENSEURS;

PUBLIÉES PAR RABAN.

PARIS,

CHEZ LES MARCHANDS DE NOUVEAUTÉS.

1826.

HISTOIRE

D'UNE

PAIRE DE CISEAUX.

Seigneur lecteur, tu seras
d'abord surpris en parcourant
les premières pages de cette histoire : des ciseaux lettrés, diras-
tu, où diable cela s'est-il jamais
vu ? mais moi, prévoyant la
question, j'y réponds d'avance
par une autre, et je dis : Si les
sabres discutent, et si les baïon-

nettes raisonnent, pourquoi des
ciseaux n'écriraient-ils pas ? une
paire de ciseaux, d'ailleurs, n'est
pas une chose de si mince im-
portance qu'on l'imagine communément ; j'en ai connu qui
ont fait des chefs-d'œuvre.....
avec d'autres chefs - d'œuvre,
bien entendu ; d'autres ont coupé
les oreilles..... hélas ! ce n'est
pas au Grand-Turc ; enfin, il en
est encore une autre espèce ;
cette dernière ne produit rien,
et ne détruit pas précisément :
ses fonctions se bornent à empêcher de produire, et certes,
ce ne sont pas les ciseaux du

monde qui ont le moins d'occupation. Chacune de ces espèces, pour peu qu'elle ait vécu, doit avoir beaucoup vu, par conséquent beaucoup retenu, et la conséquence de la conséquence est qu'elle peut beaucoup raconter. Que dirai-je donc, moi qui ai successivement détruit, créé et empêché de produire ? Ce que je dirai, lecteur, tourne le feuillet, et tu en sauras quelque chose.

Une bouteille brisée rendit la liberté au diable boiteux; une révolution commencée me fit recouvrer la mienne; Asmodée

se montra reconnaissant, envers
l'écolier son libérateur, et moi
je me moquai des écoliers.... en
politique , qui s'imaginaient
qu'une paire, de ciseaux n'é-
tait pas capable de jouer un
grand rôle, dans un gouvernement. Long-temps j'avais vécu
dans le grenier de cet honnête
abbé dont parle Voltaire, et
qui, grâce à moi, enfantait des
volumes sans se noircir les
doigts :

Au peu d'esprit que le bon homme avait,
L'esprit d'autrui par supplement servait
Il compilait, compilait, compilait!

Or, l'esprit d'un compilateur

étant ordinairement tout entier dans une paire de ciseaux, il est clair que j'étais très-spiri-tuelle, dans ce temps-là.

A la mort de l'abbé, je passai entre les mains d'un tondeur, son voisin, lequel me donna pour étrennes à une rayaudeuse qui devint la maîtresse d'un cen-seur, ce qui amena un chan-gement considérable dans ma situation : après avoir successi-vement fait de la littérature, tondu les caniches, coupé les oreilles aux danois, et coopéré à la restauration de la chaus-sure, je me trouvai, pour ainsi dire, l'arbitre des destinées des plus grands hommes du siècle. Le poste était beau ; mais je ne devais pas l'occuper long-temps ; ainsi que je l'ai dit, les philosophes qui firent la révolution s'imaginèrent qu'un état pourrait se passer de censeurs : en conséquence, mon maître fut ruiné ; la ravaudeuse le quitta ; et comme elle m'avait, par mégarde, jeté dans une boîte à ouvrage, je la suivis : huit jours après, elle devint la femme d'un tailleur, car elle avait un tendre penchant pour tout ce qui tend à rogner ; mais les politiques qui croyaient qu'on pouvait se passer des censeurs, finirent par croire qu'on pouvait aussi se passer de culottes ; et comme dans une nation de sans-culottes, les tailleurs doivent nécessairement mourir de faim, mon nouveau patron me vendit, un lundi matin, pour passer le soir à la guinguette.

- Ah ! seigneur lecteur, qu'une révolution est quelque chose d'horrible ! et combien je souffris, en ma qualité de ciseaux bien pensans !..... J'eus un instant l'intention d'émigrer et de passer en Angleterre ; mais j'ap-

pris que, dans ce pays-là, on
faisait de la littérature avec des
plumes, et que l'honorable profession de censeur était tout-
à-fait inconnue dans l'étendue
des trois royaumes. Mourir pour
mourir, autant valait rester en
France que de passer le, dé-
troit; ce fut la réflexion que je
fis tout d'abord. Hélas! j'igno-
rais encore quel sort m'était ré-
servé !

Je figurais depuis quelque
temps sur l'étalage d'un mar-
chand de ferrailles, lorsqu'un
homme à l'œil faux, au teint
hâve, à l'air sinistre, m'acheta

je me félicitai d'abord, car j'ai
toujours eu horreur de l'inac-
tion........ Deux heures après,
j'étais dans un lieu horrible, au
milieu d'une prison, dont les
voûtes répétaient les gémisse-
mens de nombreuses victimes...
Des mains sanguinaires me pro-
menaient lentement sur la tête
d'un infortuné... J'étais deve-
nue la propriété du bourreau!...
Je ne dirai point à combien
de meurtres je préludai; combien de blondes chevelures tom-
bèrent sous mes coups; ces sou-
venirs douloureux nuiraient à
mon récit.

Le règne de la terreur passa ; le sang cessa de couler ; le métier de bourreau commençait à devenir mauvais ; je fus mise à la réforme, et je passai entre les mains d'une femme de chambre, qui épousa bientôt un ancien laquais, lequel se fit fournisseur d'armée, et devint en peu d'années un personnage important.

Tout s'use promptement en France : la *liberté* et l'*égalité* commençaient à passer de mode ; un homme de génie avait d'une main ferme saisi les rênes du gouvernement ; les tailleurs com-

mençaient à faire des culottes,
et les censeurs. endormis depuis
près de deux lustres, se réveillè-
rent aux doux cliquetis de quel-
ques-uns de mes confrères, qui,
prévoyant un prochain retour
aux bons principes, se réjouis-
saient d'avance, et pelottaient
en attendant partie.

Fernand Cortès, ayant débar-
qué en Amérique, brûla les vais-
seaux qui l'avaient porté dans
cette riche contrée, dont, par
cette action, il se mettait dans
la nécessité de faire la conquête;
de même l'heureux soldat, élevé
au pouvoir par la liberté, anéan-

tit cette liberté, qui pouvait le
précipiter du trône plus promptement encore qu'elle ne l'y
avait élevé ; il savait que, sans
l'appui des ciseaux, sa situation
ne serait que précaire : ses in-
tentions furent bientôt connues ;
et comme, dans cette belle France, où l'on a l'air de faire si
grand cas de la liberté, les ma-
chines à ciseaux sont moins ra-
res que partout ailleurs, il y eut
bientôt sur les rangs cent fois
plus de prétendans à la mutila-
tion de l'esprit public, qu'il n'y
avait de places de *mutilateurs* à
donner.

Ma maîtresse, ainsi que je l'ai dit, était jolie ; or, dans ce temps-là, les ministres ne refusaient rien à une jolie femme qui accordait beaucoup..... C'est bien différent, aujourd'hui !.... Mais dans ce temps-là, il n'y avait encore ni congrégation, ni jésuites ; ou, si il y en avait, ils se cachaient si bien, que le diable, tout fin qu'il est, n'aurait pu les déterrer.....

Je disais donc que ma maîtresse était jolie : un prétendant censeur, qui n'était pas un sot (n'oublie pas, lecteur, qu'il y a long-temps de cela), sans s'in-

quiéter des audiences des ministres, s'adressa à la femme du
fournisseur, laquelle paya en
monnaie de singe la place qu'on
ne manqua pas d'accorder à son
protégé, qui obtint en outre de
la jolie solliciteuse, les armes
nécessaires au combat à mort,
que ses fonctions l'obligeaient de
livrer à l'esprit; de sorte qu'a-
près un long temps de calamité,
je me trouvai de nouveau dans
le poste brillant dont m'avait
chassé la révolution. Dieu! que
d'actions d'éclat je fis en peu
de temps! que de poètes crevè-
rent de dépit! que de journa-

listes pestèrent ! combien de philosophes se donnèrent au diable ! A l'un, j'enlevais une tirade ; à l'autre, je supprimais des phrases libérales ; à un troisième, je lacérais une pensée sur laquelle il comptait pour aller à l'immortalité. A la vue d'une idée généreuse, d'une expression hardie, d'un passage patriotique, je me sentais une telle démangeaison, que mon guide était à peine obligé de me toucher. Mais les services que je lui rendais, ne se bornaient pas là ; l'esprit que j'enlevais aux autres, je l'amassais pour mon patron, et des

rognures que je multipliais chaque jour, il faisait de très-jolie
choses.

Cela durait depuis quinze ans,
et personne ne s'en plaignait,
ou, ce qui est la même chose,
les plaintes ne s'entendaient pas,
grâce au talent avec lequel je
les étouffais; deux coups de mes
lames suffisaient pour maintenir
le bon ordre dans la républi-
que des lettres: quelquefois, cependant, il arrivait que des gens
difficiles à vivre, ce qu'on appelle, en style de caserne, de
mauvais coucheurs, criaient au
voleur ! mais lorsque cela arri-

vait, je leur donnais sur les ongles, de manière à leur ôter l'envie de recommencer. Tout enfin
était dans un tel état de pros-
périté pour moi, que la liberté
de la presse n'était plus qu'un
mot ; encore ne tenait-il qu'à
moi de le faire disparaître du
vocabulaire : je taillais, comme on dit, en plein drap; je ré-
duisais un long poème à quelques vers ; je pourchassais sans
cesse les mots de *liberté* et de *le-*
gitimité, que les écrivains avaient
le bon esprit de remplacer par
gloire ⋅ ⋅ ⋅ ⋅ et *victoire :* et telle
était ⋅ ⋅ activi , que, dans ce

qu'on appelle les momens per-
dus, je trouvais encore les
moyens de travailler à la gloire
littéraire de mon patron, en
composant, à la manière de
l'abbé Trublet, de fort jolies co-
médies, et même des opéras qui
faisaient courir tout Paris ; car
alors on n'avait pas encore in-
venté les *operas moraux,* décou-
verte que nous devons à M. S. de
La R., homme pour lequel les
censeurs, et par conséquent les
ciseaux, ont, en général beaucoup de respect et de vénéra-
tion ; on ne songeait pas plus à
raccourcir les ballets, qu'à al-

longer les jupons ; mais, comme
tout se perfectionne, il n'y a pas
maintenant un censeur qui ne
sache, qu'à l'opéra, on parle
avec les genoux, et comme ces
sortes de conversations peuvent
être *considerablement* séditieuses,
on les coupe sans miséricorde...
sur le papier, bien entendu.....
Revenons :

Je disais que, depuis quinze
ans, mon sort était véritable-
ment digne d'envie; mais, hélas!
eussé-je eu l'esprit de tous les
ciseaux de la chrétienté, joint
à celui de tous les censeurs, ce
qui n'aurait pas beaucoup aug-

menté la dose, je n'aurais pu prévoir les changemens extraordinaires qui menaçaient ma tranquillité. Pendant plus d'un an, mes fonctions furent extrêmement pénibles : je devais remplacer, tantôt *empereur* par *roi*, tantôt *roi* par *empereur*; aujourd'hui, je recevais l'ordre de mutiler sans pitié les éloges donnés à l'armée ; et demain, de faire disparaître l'éloge du clergé. Un jour je rognais dans les décrets, et un autre, j'espadonnais dans les ordonnances. Pour comble d'inquiétude, on parlait de la prochaine résurrection

d'une certaine *liberté de la presse,*
ma plus cruelle ennemie, que
je croyais à tous les diables, à
qui tant de fois je l'avais donnée
de grand cœur. Non-seulement
elle avançait à grands pas ; mais
on assurait que tous les Français
couraient au devant d'elle.....
es ingrats !..... moi, qui leur
avais rendu tant et de si grands
services !.....

Elle arriva enfin, cette infâme
liberté ; à son aspect, mon patron rugit de colère, et comme
Hercule, furieux, ne connais-
sant plus ses fidèles amis, il me
saisit par le milieu du corps, et

mé jeta avec violence par la croisée du troisième étage qu'il occupait, rue des Mauvaises-Paroles. Je tombai d'abord à califourchon sur le nez d'un ministre, que la liberté de la presse avait allongé d'un grand pied. Son Excellence fit une grimace qui ne l'embellit pas du tout, porta la main à son visage, s'empara de moi, et deux heures après, j'étais dans le cabinet de ce grand homme.

Je gagerais, seigneur lecteur, que, partageant l'erreur commune, tu crois qu'un ministre ne travaille pas ! Détrompe-toi;

non-seulement un ministre travaille comme un autre homme ;
mais, en beaucoup de circonstances, il travaille plus qu'un au-
re : les plus belles conceptions
de l'esprit humain peuvent éclore
dans le cerveau d'un ministre ;
et, chose qu'au premier aspect
on refuserait de croire, c'est
qu'une paire de ciseaux, dans
ces circonstances, est presque
oujours l'auxiliaire d'une Excel-
ence. Quant à moi, j'eus l'hon-
neur d'être employée à l'exécu-
tion du plus savant projet qui ait
été conçu de mémoire de minis-
re. Un ministre, lecteur, est ro-

gneur par nature, par état et par principe; c'est-là une vérité que, bien certainement, personne ne contestera; mais lorsqu'on saura qu'il s'agit ici d'un ministre des finances, ce sera bien autre chose, et l'on conviendra que jamais paire de ciseaux ne fut mieux placée que je ne le fus dans le cabinet renommé de l'hôtel de Rivoli, où je me trouvais à peine depuis quelques heures, lorsque Son Excellence qui venait de tracer les dernières volontés du séditieux *cinq* pour cent, lequel ce grand financier voulait envoyer *ad pa-*

tres , lorsque Son Excellence,
dis-je, nomma le *trois* légataire
universel, et moi, ciseaux bien
pensans, et dont les anneaux
luisans annonçaient les longs et
nombreux services,˙ exécuteur
testamentaire.....

Qui le croirait !... Malgré mon
zèle, mon ardeur, mon éton-
nante activité, il me fut impos-
sible de tellement rogner les
ongles à ce damné *cinq,* qu'il se
tînt pour battu; j'eus beau tailler, je ne réduisis rien : une société choisie, qui avait l'habitude
de se réunir au palais du Luxem-
bourg, trouva que mes efforts et

ma bonne volonté n'avaient pas
le sens commun, et comme,
malheureusement, depuis l'invasion de cette infâme liberté
constitutionnelle, un ministre
ne peut *vouloir* que ce que veut
cette société, je courus le risque
de perdre mon nouvel emploi
et je le perdis. Fort heureuse-
ment, Son Excellence pensa que
si la vengeance était le plaisir
des dieux, elle pourrait bien être
aussi le plaisir des ministres; en
conséquence, pour se venger,
Son Excellence résolut de réta-
blir la censure, et la censure fut
rétablie, et le ministre, afin de

prouver sa considération pour un certain monsieur *Quatremère*, lui fit présent de *quatre paires* de ciseaux, au nombre desquelles je fus compris :

On en revient toujours
A ses premiers amours!...

Et ce n'est pas sans plaisir!.... Dieu! quel bonheur..... Avec quelles délices je recommençai à rendre bêtes les gens d'esprit, qui depuis quelque temps m'avaient joué de si mauvais tours!... Point de grâce! Point de quartier!.... je ne permis pas à la pensée la plus innocente de se produire au grand jour sans l'a-

voir préalablement examinée à
plusieurs reprises, et sans lui
avoir fait subir quelque modifica-
tion. Mes scrupules vengeurs furent portés si loin, que je ne permis pas même de publier dans les
journaux que l'on appelle *libé-
raux*, l'éloge de l'héritier pré-
somptif du trône. Hélas !

Faut des rognur's, pas trop n'en faut,
L'excès, en tout, est un defaut.

C'est une vérité que je reconnus
un peu trop tard ; l'héritier devint roi, et comme il n'avait pas
à se louer des *censeurs*, le premier acte de son autorité fut
l'abolition de la censure. M. *Qua-*

tre-Mère, furieux de cet évé-
nement, renvoya ses quatre
paires de ciseaux à l'hôtel de
Rivoli, et Son Excellence, fu-
rieuse à son tour, me jeta,
avec un dédain mêlé de colère,
dans le carton aux pétitions, où,
attendu le repos dont on jouit
dans ces tombeaux, je m'at-
tendais à sommeiller éternelle-
ment; mais le destin en avait au-
trement ordonné. Il arriva qu'un
certain Ibrahim, pacha de l'antique Égypte, se lia d'amitié
avec les pachas de l'intérieur et
des finances. Or, le seigneur
Ibrahim faisait alors la guerre

3

aux Grecs, pour la plus grande
gloire du croissant; et afin de
prouver au Grand-Seigneur son
zèle et son dévouement, il avait
pris la noble habitude de faire
saler chaque semaine quelques
centaines d'oreilles de Grecs
qu'il envoyait régulièrement à Sa
Hautesse.

Les Grecs sont chrétiens, c'es
vrai, mais le Grand-Turc es
souverain légitime, et comme
entre la religion et la légitimité
les ministre du roi très-chrétien
ne peuvent se permettre d'hésiter
un instant, ces derniers se ran
gèrent du parti d'Ibrahim, au

quel je fus envoyée pour séparer, des têtes rebelles, les oreilles destinées à orner le sérail de Constantinople. Je parcourus donc l'antique Grèce, qui aurait été un pays admirable si l'on y avait connu les censeurs ; Ipsara et Missolonghi furent tour à tour le théâtre de mes exploits; car au service d'un pacha, je montrais le même zèle que j'avais déployé au service d'un ministre. Cependant, je dois dire que je trouvais moins de plaisir à couper une oreille, que je n'en avais éprouvé autrefois à mutiler une pensée : ma nouvelle con-

dition commençait même à me
déplaire beaucoup, lorsque le
pacha des finances qui m'a-
vait précédemment honoré de
sa confiance, fit entendre à
la tribune les mots de censeurs
et de censure; j'appris cela par
la voie des journaux, et aus-
sitôt, brûlant la politesse au pacha d'Égypte, je m'embarquai
pour la France où je suis arrivée
depuis quelques jours, et où,
s'il plaît à Dieu, comme il plaît
à messeigneurs les ministres, je
ne serai pas long-temps sans
emploi.

Tel est, lecteur, l'histoire de

ma vie; mais je n'ai pas encore
atteint le terme de ma carrière,
et je me propose de te raconter
quelque jour la suite de mes
aventures, si tant il y a qu'elles
en méritent la peine, et que mes
confrères les rogneurs veuillent
bien me le permettre.

———

PETITE BIOGRAPHIE

DES CENSEURS.

PETITE BIOGRAPHIE

DES CENSEURS.

—

Andrezel *(l'abbe d')*.

Censuré sous l'empire, M. l'abbé censura après la restauration; libéral avant 1814, il publia une histoire de la maison des Stuarts; ultra depuis la première invasion des alliés, non-seulement il ne produit plus, mais il met tous

ses soins à empêcher de produire. Ce personnage attend avec
la plus vive impatience qu'une or-
donnance contre-signée de trois
Excellences, lui ordonne de re-
prendre les ciseaux qu'il maniait
naguère de façon à donner de
grandes espérance aux amis de
l'ignorance,

—

AUGER.

Surnommé *l'Homme-Notice*,
c'est un des quarante qui son
immortels à peu près comme
leurs fauteuils; il fit des vaude

villes après avoir vendu du foin,
et, muni de ces denrées, il frappa
à la porte de l'Académie, où il
fut nommé en 1816.

Il fut autrefois l'un des rédac-
teurs du *Journal de l'Empire*, ce
qui ne l'empêcha pas d'accepter
la place de censeur. On assure
qu'il manie les ciseaux avec plus
d'agilité que la plume, et que
ce qu'il supprime vaut toujours
mieux que ce qu'il fait.

———

BAUDUS.

Le nom de ce censeur fait à ,

lui seul une épigramme. On dit communément que celui qui gagne l'avoine n'est pas toujours celui qui la mange; afin de ne pas faire mentir le proverbe, M. Baudus, s'en remet ordinairement à l'intelligence de ses ciseaux du soin de gagner le picotin *inquisitorial*.

———

BRIFFAUT.

Poète de circonstance; ce qu'il a fait de moins mauvais est une ode sur la naissance du roi de Rome..... C'était en 1811, et comme tôt ou tard le mérite, en France, est récompensé, M. Briffaut a été, en 1826, reçu à l'Académie française : si tous les membres de cette compagnie ressemblaient à M. Briffaut, on pourrait l'appeler *l'Académie des rogneurs*.

———

Chazet.

C'est un nom que l'on retrouve partout ; celui qui le porte a long-temps traîné dans les coulisses des petits théâtres ; il traîne aujourd'hui dans les antichambres des grands. Un homme d'esprit disait : « Je ne connais rien de plus dégoûtant qu'un censeur, si ce n'est pourtant deux censeurs. »

On assure que M. Chazet, vaut à lui seul trois censeurs.

—

CHERVAL (*l'abbe*).

On dit que c'est un homme d'esprit ; mais malheureusement il est aveugle, et ses ciseaux n'ont pas d'yeux.

—

COUPART.

Ce nom seul est la notice bio-
graphique d'un censeur. *Coupart,*
cela ne veut pas dire, comme on
pourrait le croire, *coupe-arts;*
mais, qui *coupe* avec *art,* faci-
lité, dextérité, docilité, etc. On
voit par ce nom que M. Coupart était un prédestiné; on dit
même qu'en naissant le premier
usage que M. Coupart fit de
ses *menottes* fut de saisir les
ciseaux que la sage-femme qui
assistait madame sa mère avait
maladroitement laissés à la por-
tée du nouveau-né. Depuis lors
M. Coupart n'a pas cessé de

tailler et rogner ; et plus d'un auteur, sifflé souvent parce qu'on avait supprimé le plus piquant de sa pièce et qu'il n'avait pas eu le temps de recoudre les lambeaux, mais seulement de les rapprocher, s'est dit à lui-même : Je vois d'où le *coup part*.

—

D'AVRIGNY.

Il a publié des poésies nationales que l'on a lues ; il est auteur d'opéras qui ont fait bâiller ; ses tragédies ont fait rire, et ses ciseaux font pester.

D'Erbigny.

Il tenta, il y a quelques années, de sortir de son obscurité ; des sifflets, vengeurs du bon goût, le forcèrent d'y rentrer ; il a tout juste assez de talent pour gâter l'esprit des autres.

—

Hubert.

Grand prôneur de la liberté de la presse, qui est devenu censeur pour faire compensation.

—

4

LACHAIZE.

Rien n'est plus propre à faire un censeur qu'un homme qui n'a jamais écrit ; il ne peut souffrir que l'on s'avise d'avoir plus d'esprit que lui , et, à défaut de plume, les ciseaux font merveille; exemple, M. Lachaize, dont le plus adroit furet ne pourrait découvrir une ligne , et dont les rognures formeraient cent volumes.

———

LACRETELLE (*Charles*).

M. Lacretelle avait pour frère

un homme d'esprit, ce qui n'est pas extraordinaire, car, disait Piron, j'en ai bien un qui est un imbécile.

Ce personnage semble être né censeur; il y a seize ou dix-huit ans qu'il ne quitte point les ciseaux, et il porte si loin l'amour de sa profession, qu'il s'est censuré lui-même, et a rogné de son Histoire de France le peu de vérités qu'il avait d'abord laissées passer par inadvertance.

—

LANDRIEUX.

En sa qualité de membre de la direction des Postes, il s'occupe beaucoup des *lettres*. On assure que ses ciseaux donnent un *cachet* particulier à tout ce qu'ils touchent; quant à sa plume, on n'en parle pas, et il y a de bonnes raisons pour cela.

—

LEMONTEY.

C'est encore un membre de cette illustre Académie, où, à certaines époques, on a plus de peine à entrer qu'à se faire recevoir. Pendant que la plupart de ses confrères *dorment,* M. Lemontey rogne. Il est auteur de quelques ouvrages estimés; est-ce que, par hasard, il mettrait les rognures à profit.

—

LOURDOUEIX.

Chef de division au ministère de l'intérieur; autrefois libéral, et aujourd'hui inquisiteur littéraire. Il est auteur d'une pièce de vers dont chaque strophe finit ainsi :

Je suis l'ami de la tempê e'

Il paraît que *l'ami de la tempête*

n'est pas l'ennemi de l'argent,
puisqu'il consent à grossir ses
revenus des cinq mille francs
alloués à chacun de messieurs
les chevaliers du ciseau.

—

MAZURE.

Lorsque ce personnage passe
quelques instans sans rogner, la
main lui démange, à ce point
que, ne trouvant plus rien à re-
trancher aux vivans, nouveau
vampire il se jeta sur les morts,
et mutila Voltaire comme il aurait
mutilé Auguste Hus : il n'en faut

pas davantage, par le temps qui court, pour conserver sa place et être en bonne odeur.

—

PAIN.

Petit et monarchique, ces deux qualités l'on fait surnommer *petit pain blanc.* C'est un pauvre poète, qui a chanté la ligue et le roi, et dont les travaux littéraires (je ne parle pas de ceux de ses ciseaux), consistent en tiers, quarts et cinquièmes de quelques vaudevilles oubliés.

PARISET.

C'est un littérateur qui ne manque pas de talent ; aussi ne resta-t-il censeur que fort peu de temps ; il reconnut que l'air que l'on respirait auprès des mutilateurs de l'esprit était mortel pour le talent, et il aima mieux renoncer aux ciseaux qu'au bon sens.

—

RAOUL-ROCHETTE.

Ses favoris noirs lui ont fait faire un chemin rapide : ils jouissent maintenant d'une grande célébrité ; aussi M. Raoul-Ro-

chette n'entend-il jamais parler
de ciseaux sans frissonner : on
assure que cette terreur salutaire
l'a seule fait renoncer à la qualité de censeur, qu'il n'exerçait
qu'en tremblant.

—

Rote de Rugent.

C'est un homme qui se fourre
partout, et qui irait loin s'il savait l'orthographe; il avait, un
jour, fait mettre en lettres de six
pouces sur la toile d'un petit
théâtre qu'il exploitait :

La critique est aisee, mais l'art est difficile

On voit que ce personnage avait d'excellentes dispositions, puisque, de son autorité privée, il s'était fait le censeur de Boileau, en attendant mieux.

—

ROUSSELLE.

Il succéda à M. Raoul Rochette, et il est moins connu que les moustaches de son prédécesseur.

—

VANDERBOURG.

Membre de l'Académie et de la société des bonnes lettres, deux compagnies presque aussi célèbres l'une que l'autre ; il rogne, sans interruption, depuis 1815 : son bagage doit être considérable.

VEILLARD.

Poète qui a exploité toutes les circonstances ; il a chanté l'empereur, le roi, puis l'empereur, puis le roi ; l'impératrice Marie-Louise, le roi de Rome, l'empe-

reur Alexandre , la duchesse de
Berri, le duc de Bordeaux. Com-
ment diable! M. Veillard, qui
manie si bien les ciseaux , n'en-
voie-t-il pas à *l'ombre* tout ce
qu'il a fait avant 1815

FIN.